大切に抱きしめたい

お守りのことば

松浦弥太郎

JN036654

リベラル文庫

はじめに

この本を手に取っていただき、ありがとうございます。
ここに書いた文章を通じて、あなたとふれあえることがとてもうれしいです。

僕がはじめて覚えた言葉。
母が言うには、「はーい」という言葉だったそうです。
たしか一歳半くらいだったような、と聞かされました。

「はーい」というと、とても喜ぶ父と母の顔が思い浮かびます。
喜んでくれるので、僕も嬉しくなって何度も繰り返し「はーい」と言いました。
たった一言の言葉が人を笑顔にするのがおもしろかったのでしょう。
人が目に映ると、片手を上げて「はーい」を繰り返す赤ん坊でした。

そんな記憶というか体験のせいか、言葉というのは、人を喜ばせたり、
人を笑顔にするために使うものだと、心のどこかに刻まれて僕は成長しました。
そう、言葉の先にはいつも人がいて、言葉は人をしあわせにする魔法のよう、
そして、それが自分にとってもしあわせなことだと。

しかし、大人になるにつれ、言葉のむつかしさ、言葉の重さ、
言葉の強さを知るようになり、
言葉の使い方に戸惑うようになりました。
言葉は人をしあわせにするだけでなく、傷つけたり、悲しましたり、困らせたり、

だましたりという不仕合せな使い方もあり、
そういう言葉のこわさも、実際に様々な人と人との経験を通じて学びました。

僕は決して多弁ではないし、人との対話も得意ではありません。
おしゃべりは好きだけど、大きな声で話したり、強く話したり、
どちらかというと議論は苦手。他愛無いことをぽつりぽつりと言葉にして、
それを笑い合ったり、確かめ合ったり、思いにふけったりが心地良い人間です。

けれども、言葉と、言葉使いの大切さ、そして、言葉がどれほど僕らを支え、
育て、助け、守ってくれるのかを知っています。
そしてまた、言葉を愛する人の一人です。

言葉とは何か。

そう聞かれたら、言葉はお守りと答えます。そしてもっと言うなら、言葉は魔法です。いいこともそうでないことも叶えることができる魔法。それなら自分は言葉をどう使う？　そんなふうにいつも思うのです。

言葉の使い方は生き方です。

ここに書いた言葉は僕にとって大切なお守りばかり。つらいとき、困ったとき、どうしたら良いかわからないとき、もうだめだと思ったときにも寄り添って、背中を抱いてくれたり、叱ってくれたり、はげましてくれるお守りです。

これらの言葉が、
あなたの日々の暮らしに少しでも役にたってくれたら嬉しいです。
そして、あなたのお守りの言葉になってくれたら僕はほんとうにしあわせです。

この本があなたのくすり箱になりますように。

松浦弥太郎

BICYCLE
DIARIES
DAVID
The

1章

ていねいとは感謝のあらわれ

001

大丈夫と言い聞かせる。

トラブルがおきたり、ひどい仕打ちをうけたり、不愉快なことに出くわしたりすることはあります。理由もなく、自分自身の感情が落ち着かないことだってあるでしょう。そうしたことがあっても、できるだけ心を波立たせないようにしましょう。大丈夫と言い聞かせるのです。そうやっていつもおだやかでいましょう。自分のペースでていねいに暮らしましょう。これが大変なことがおきても乗り越えるためのコツなのです。

002

「手伝ってください」と言う。

一人で考えていたら、ゆきづまることもあります。一人で取り組んでいたら、手が回らなくなることもあります。そんなときは「手伝って」と言う勇気をもちましょう。「困っています」と自分の弱みをさらけ出す勇気と、「手伝ってください」と人のアイデアや力を借りる柔軟さがある人が、本当に強い人ではないでしょうか。心配はいりません。誰しも「困っている人がいたら、助けたい」と思っているものです。声を出す勇気さえあれば、差しのべられる手は一つではないはずです。

003

きちんと謝る。

「親しいのだから、これくらいは許されるだろう」というのは誤解です。親しいのだから、わきまえたほうがいいことはたくさんあります。その一つが、きちんと謝るということ。相手への親しさが甘えに変わってしまったら、二人の関係はいびつなものになってしまいます。目を見て、きちんと謝りましょう。

004

壊れてから
はじまる。

絶対に壊れないものはありません。絶対の絆もありません。どんなに大切にしていても、壊れてしまうことはあります。しかし、そこであきらめてはなりません。「もうだめだ」と、捨ててしまってはいけません。壊れたかけらを一つひとつ拾い集めて、じっくりと直していく。ほころびをていねいに、時間をかけてつくろっていく。そこからあたらしいつきあい、あたらしい絆が生まれてきます。これは、ものとの関係でも人との関係でも同じことだと思うのです。

005

「その先にいる人」を。

ゴミを捨てたら、その先にはゴミを集めて処理してくれる人がいます。仕事で何かをつくったら、その先にはそれを売ってくれる人や、買って使ってくれる人がいます。「その先にいる人」を喜ばせているかどうか。自分のわがままや、得をしたい心で、「その先にいる人」を泣かせていないかどうか。何をするときであっても、つねに「その先にいる人」を思いやりましょう。

〇〇六

待たせない。

何かの誘いを受けたら、すぐに「行く、行かない」を答えましょう。仕事のオファーを受けたら、「やる、やらない」を即答しましょう。これは相手の問いかけに対して逃げない態度の表明であり、相手を待たせないという誠意でもあります。待たせないと決めている「逃げない人」のまわりには、自然と信頼が育っていきます。

007

愚痴らない。

なんでも言い合える大切な人だからこそ気をつけましょう。相手を自分の不満や愚痴のはけ口にしてはいけないということを。愚痴はこぼす人ばかりか、聞く人の気持ちもどんよりと澱ませてしまいます。愚痴をこぼす側の人が一瞬すっきりするだけで、解決の方法も見えてこない不毛な時間となるでしょう。

〇〇八

引きずらない。

細心の注意を払っていても、人間関係で失敗してしまうことはあります。うっかり傷つける言葉を口にしてしまった、ちょっとしたことで行きちがいがあった、みっともないところを見せてしまった……。しかし相手は、自分が思うほど気にしていないものです。いつまでも引きずることは、一人相撲かもしれません。誤解が生じない細やかな接し方を心がけるべきですが、何か起きたとしたら引きずらない強さも、人づきあいには必要なことです。

009

人のしあわせをよろこぶ。

「なにかとうまくいかないけれど、あの人よりはまし」と思ってしまうのは、ちょっとよくないけれど、よくあることです。人は弱いものだから、誰かとくらべて気持ちを安定させようとしてしまうのでしょう。「あの人だけずるい」「くやしい」と妬んだり嫉妬してしまうときも、根っこには自分の弱さがあります。妬みや嫉妬は成功の敵です。人のしあわせを心からよろこべる自分になりましょう。

〇一〇

時間のギフトを。

たとえどれほど忙しくても、その人のために、ゆっくりお茶を飲む時間をつくりましょう。ふと空《あ》いた時間があれば、その人と過ごすことに使いましょう。何もしなくてもいいのです。ただ、おしゃべりをするだけでいい。一緒にいるだけでいい。ともに過ごす時間は、最高のギフトです。そうすれば、自分にもギフトが届きます。

〇一一

一人の時間を。

人とのつきあいを楽しみたいのなら、自分自身とのつきあいもおろそかにしないことが大切です。一人の時間を確保してこそ、人と存分にかかわることができます。さまざまな個性をもつさまざまな相手と素で向き合えるように、ときどき一人ぼっちになって、「真っ白な自分」に立ち返るようにしましょう。

012

面倒くさいことを。

上質の暮らしを望むなら、簡単な方法があります。深い満足を味わいたいのなら、わかりやすい方法があります。それは、面倒くさいことをやることです。おもしろさ、楽しさ、よろこびは、面倒くささを乗り越えたときにもらえるごほうびのようなものです。あたりまえのことを、ていねいにやりましょう。面倒くさいことをやってみましょう。

013

誰よりもたくさんを。

自分の目と感覚だけを信じて、まだ誰も気づいていない、美しさや魅力を見つけ出す人になりましょう。みんなが見ていないところを見て、すてきなものを見つける。みんながまだ気がついていないことを見て、これからみんなが必要とするものを見つける。誰よりもたくさん、見つけましょう。

014

言葉の距離感を。

最後までやさしくできないのなら、やさしい言葉を口にしてはなりません。成長を見守る覚悟がないのなら、厳しい言葉を投げつけてはいけません。相手に対してどこまで責任をとれるか。それによって、言葉の距離感は違ってくるということを意識しましょう。

015

なによりも健康を。

自分を成長させたいなら、心で考え、心で判断したいのなら、その土台は健康です。誰かの役に立ちたいなら、まわりの人をしあわせにしたいのなら、世界をよりよくしたいのなら、その土台は健康です。つらいこと、思い通りにいかないこと、予測のつかないことに立ち向かうには、心がすこやかでなければなりません。そして、心がすこやかであるには、体がすこやかでなければならないのです。すべての土台は健康だと心得、日々、整えていきましょう。

016

大切にしたい人。

その人は気の利《き》いたことを言うわけでもない。おもしろい行動をするわけでもないし、みんなを魅了するようなオーラがあるわけでもない。それなのに、その人は一番あたたかくて、自分を愛してくれている。その人のそばにいると、わが家にいるような気持ちになれる……。そんな人は、心で考えている人です。そんな人が誰のそばにも一人はいます。「いない」と思うのなら、気がついていないだけです。身近にいてくれる、心で考える人を大切にしましょう。そして、自分も心で考える人になりましょう。

017

ものいわぬものこそ大切に。

身の回りにある道具やあれこれ、草や木といった自然、つくられたものなど、すべてものいわぬものこそ、雑に扱ったり、かんたんに捨ててしまったりせずに、大切にしましょう。ものいわぬものとのつき合い方に、あなたの品格があらわれます。

018

もっともっと見つめる。

ものを観察し、見つめるとは、そのものに隠れているひかりを見つけ出すということです。そのひかりが何かを深く考え、そのひかりを抱きしめ、そのひかりを思いやる。目に見えないものを見ようとする心持ちは大切です。見つめても、すぐにひかりは見えないかもしれません。それならば、見えてくるまで、もっともっと見つめましょう。

019

おもしろさとは。

暮らしの中で何よりも大切なものはおもしろさです。おもしろさがあれば心が動きます。関心をもちます。工夫をします。大事にします。どんなに価値がある宝物であっても、おもしろさがなければ心を寄せる人はいないのではないでしょうか。おもしろがるとは、そのものに興味をもって愛を注ぐということです。愛を注げば注ぐほど、どんどんおもしろくなります。おもしろさとはたぶん、愛なのでしょう。

2章

今日は未来につながっている

020

不安は友だち。さびしさも友だち。

夜、眠れないときに、ふっと不安がわいてきたら、「こっちにおいで」と手招きしてみましょう。おそろしいものだと追い払おうとしたら、不安は大きくふくらんで、手に負えない魔物になってしまいます。いつも通りの朝、電車に乗っていて、たまらないさびしさがおそってきたら、「一緒に行こう」と誘ってみましょう。いつもの道を並んで歩いているうちに、さびしさはふっと姿を消します。逃げたりごまかしたりしなければ、不安もさびしさもよく知った友だちになるのです。

021

自分をひらく。

心をひらくとは、簡単そうで、たいそうむつかしいことです。愛想良く、人づきあいがうまければいいかといえば、違います。「こんなことを言ったら嫌われるかもしれない」という恐れを乗り越えて、自分の心のままに正直に話す。「こんなことをしたら、変わった人だと笑われるかもしれない」という不安を飛び越えて、自分の信じる通りに行動する。ある種、無防備なその姿をありのままに見せることが、自分を相手に対してひらくということです。むつかしいことだから、少しずつやってみましょう。

022

恐れず、ひるまず。

友だちというのはかけがえのない存在であり宝もの、友だちをつくる力とは、生きる力といってもいいでしょう。だからこそ、「知りあったすべての人は友だち」「みんな大親友」というわけにはいかないのです。心をひらき、じかに接したうえで「否定するわけではないけれど、考えが違う」という人がいたり、「この人とは友だちにはなれない」と思う相手がいたとしても、それは自然ではないでしょうか。すこやかな人間関係を築くために、素直さと勇気で友だちをつくりましょう。

023

「つながり」はお互いのもの。

誰かとつながりをもったとしたら、その関係は二人のものです。どちらか一人が勝手に断ち切ることはできません。恋愛関係だけでなく、友人や仕事の関係であっても同じです。「このプロジェクトから外れたい」「仕事を辞めたい」「つきあいを終わりにしたい」というときは、お互いに納得がいくまできちんと対面で話し合いましょう。もしかしたら、そこから生まれるあたらしい関係もあるかもしれません。

024

知恵をシェアする。

傷ついたり迷ったりしながらなんとか解決し、自分なりの生きる知恵のようなものができたら、気前よくシェアしましょう。仕事のやり方や暮らしの知恵は、惜しみなくみんなに教えましょう。知恵というのは広がっていくにつれ、いろいろな人のアレンジが加わって、種類が増えます。やがて洗練され、もっと良いものになっていきます。一人ひとりが発見、発明した知恵をシェアする。それがしあわせな世界をつくる方法なのかもしれません。

025

「いつもしあわせ」と考える。

心おだやかでいたいのなら、感情にふりまわされて自分を嫌いになりたくないのなら、「自分はいつもしあわせ」と考えることにしましょう。いつもしあわせな自分でいることはたいそうむつかしいことですが、「いつもしあわせ」だと考えることなら努力次第ですぐにできます。自分をコントロールしたいのなら、「いつもしあわせ」だと心で何度もつぶやいてみましょう。

026

やさしさでごまかさない。

その場しのぎのやさしさでごまかしていたら、本当の人間関係は育っていきません。相手をよろこばせるために、真実から目を背《そむ》けてうわべだけやさしくしたら、関係性の根っこは枯れてしまいます。枯れた根っこにいくらやさしさをそそいでも、花は咲かないでしょう。何かをやりとげるには、やさしさでごまかさないきびしさも必要です。

027

照れない。

手をつなぐこと、抱きしめること、気持ちを言葉にすること。決して照れることなく、言葉や態度による愛情表現をすることは大切です。スキンシップとは、男女間だけでなく人のコミュニケーションのきほんであり、心のあたたかさ、思いやりを形にしたものではないでしょうか。やさしい言葉をかけたり、肩にふれたり握手をしたり、照れずに愛情をあらわしましょう。

028

話し上手より聞き上手に。

すてきな人ほど、聞き上手です。相手の心をひらいたり、動かしたり、ほどいたりする人は、話し上手とは限りません。心と耳を傾け、相槌をうつだけで、人とつながれるのが聞き上手です。聞き上手はまた、感動上手です。相手のなんでもない言葉から、きらりとひかるもの、あたたかいものを見つけ出しましょう。素直な心と謙虚さがあれば誰でも聞き上手になれます。

SMILE

029

「また会いたい人」に。

楽しいときを過ごし、「今日はありがとう」と別れてすぐに、「ああ、また会いたいな」と、相手に思ってもらえる人。そんな「また会いたい人」になることを目指しましょう。大人になったらなおのこと、「また会いたい人」を目指しましょう。そのためには、耳と心を傾けて、相手の話を聞くことです。

030

してもらったら うれしいこと。

「自分がしてもらったら、うれしいな」ということがあれば、それがどんなことでもやってみましょう。誰よりも早くやってみましょう。ためらわずにやってみましょう。夢中になってやってみましょう。照れずにやってみましょう。思い切りやってみましょう。

031

人にされたら悲しいこと。

「自分が人にされたら、悲しいな」ということがあれば、それがどんなことでもしてはなりません。やり返しもやめましょう。やらないと仲間はずれにされそうでもやめましょう。心を強くもってやめましょう。一人ぼっちになっても、断固としてやめましょう。最後に悲しむのは自分だからです。

032

「今に見ていろ」と。

こうありたい自分はたしかにあるのに、理想とは程遠い場所にいる。そんなとき、あきらめてしまうほうが楽で、簡単です。しかし、いったんあきらめの沼に沈めば、二度と浮かんでこられなくなります。だからこそ、こう唱えましょう。「今に見ていろ」と。これは誰かを見返すための言葉ではありません。いつか、こうありたい自分になるという誓いの言葉なのです。

033

成功の反対は失敗ではなく。

何かを始める前、失敗が怖くて踏み出せなくなる。そんなとき、いちばん最初に「これをしなかったら、どうなるんだろう?」と自問自答しよう。

そうすると、「しなかった場合のマイナス」がたくさん出てきて、「やろう」という覚悟の気持ちがわいてくるのです。

034

豊かさとは。

人生における豊かさとは、嬉しいことや楽しいこと、すてきなことではなく、悲しんだり、傷ついたり、ころんだり、苦しんだりする、そういう道を歩みながら少しずつ見つかるものです。

035

迷ったときは。

人生において迷うことはよくあることです。そのときは損とか得とかよりも、楽しいか楽しくないか。もちろん、楽しいほうを選ぶことです。それがどんなにつらそうなことでも、楽しくてわくわくする方を選ぶべきです。

036

よほどの理由がある。

物事にはすべて、自分では知ることのできない、理解することのできない「よほどの理由」があるのです。それは自分自身の中にもあるはずです。怒りやいらだち、許せない気持ちも、そこには「よほどの理由」があると思えばいいのです。

037

プライドはしまっておく。

「プライドが許さない！」と口にする人がいますが、そのプライドの使い方は間違っているかもしれません。プライドとは相手を攻撃したり、自分を強く見せたりするためのものではありません。プライドとは、言うなれば、心にしまっておくお守りです。誰にも見せず、そっとしまってあるけれど、たしかにそこにあって、自分の自信を支えてくれるものです。見せかけのプライドは捨ててしまいましょう。

038

「知識」よりも「考え」。

何かわからないことがあったとして、調べるのは簡単です。たちどころに「正解」と、たくさんの情報が集まるでしょう。しかしそれは、誰かが集めた知識に過ぎません。知識は良きものですが、それに頼る前に、自分で考えてみましょう。自分の頭で生み出した「自分の考え」は、仮につたないとしても、知識よりはるかに価値があるものです。

039

飛び込もう。

チャンスをものにするかどうかは、思いきって飛び込み、挑戦したかどうかで決まります。チャンスをものにできなくても、それどころか大失敗をしても、思いきって飛び込み、挑戦したことで、予測してなかったギフトのような何かしらを学んで成長できます。結局のところ、「飛び込んだ人の勝ち」ということです。

3章

大切なことを大切に

040

自分のきほんを。

いろいろな経験をすればするほど、さまざまな知恵を身につければつけるほど、自分のお気に入りが手に入るほど、ある日、はっとするときが訪れます。「自分は何をしているんだろう?」「このままで大丈夫だろうか」と、ふと不安になるのです。そのためにも「自分のきほん」をつくっておく。何のために努力するのか。何を手に入れたいのか。何がいちばん楽しいのか。その一つひとつが「自分のきほん」。何があってもそこに立ち返ることができるように。

041

きほんはシンプルに。

自分のきほん、暮らしのきほん、仕事のきほん、大人のきほん、人とつきあうきほん。どんなことでも、きほんをつくっていきましょう。きほんとは、純度が高いもの。ピュアなものです。複雑でわかりにくいものは、きほんではありません。削ぎ落として、シンプルにして、簡単にして、やさしくして、きほんの純度を高めましょう。

042

「つもり」をやめる。

責任をもって行動するために、口にしてはいけない言葉。それは「つもり」という言葉です。「つもりでした」「いつかそうするつもりですが」などと、「つもり」と言ってしまったら、真摯《しんし》に物事に取り組めなくなります。「つもり」は、言い訳や責任逃れのはじまりともいえます。「つもり」を禁句にするのは、仕事のきほんといっていいでしょう。

043

「それなり」をやめる。

精一杯やっていなくても、それなりにはこなせます。本当に大好きでなくても、それなりには好きになれます。心から満足していなくても、それなりには暮らしていけます。それなりとはおそろしいもので、気がつかないうちに何もかもが曖昧になり、自分すら見失ってしまいます。「それなり」をやめるためには、流れをせき止めてみましょう。きほんに立ち返り、自分に問うてみるのです。「なぜ、これをやるのか、なぜ、これが好きか、どうすれば満たされるのか」と。

044

過去を振り返らない。

「あのとき、ああしていたら」と悔やむことも、「あの頃は良かったな」となつかしむことも、人生の中ではなんの意味もありません。過ぎてしまったことは過ぎてしまったことです。やり直せないし、その場所には戻れないし、振り返っても何にもならないのではないでしょうか。振り返らない潔さがあると、背筋を伸ばして歩けます。

045

忘れられないことこそ忘れる。

忘れられないことのすべてが美しい思い出であったら、どんなにいいだろうと思います。残念なことに、忘れられないことの多くは、くやしさ、怒り、悲しみ、うらみです。つらい経験は、ときとして自分自身をしばり、いためつける鎖になってしまいます。自分を過去から解き放つためにも、忘れられないことこそ、忘れましょう。

046

自分を信じきる。

「だいじょうぶ。絶対に、うまくいく」と、朝、起きたら自分に言ってあげましょう。

「何があっても心配ないよ」と、つらいことがあるたびに、自分に言い聞かせましょう。「失敗をしたっていい。すべては自由なんだよ」と、ベッドに入って眠る前に、自分にささやきましょう。何度も、何度も、何度も。限りなく自分を信じきりましょう。

047

相手を尊重する。

「同じことを考えていた」とか「あなたの意見に賛成です」という状況は、自然に生じているわけではありません。人間同士なのですから、意見は合わなくてあたりまえです。それでも「そうだね」「そう思う」と意見を一致させることができるのは、相手を尊重し、理解しようとお互いが努力し、お互いがやさしさをもって歩み寄ったから。「意見が合う」というのは、大人のコミュニケーション作法といってもいいでしょう。

048

あらゆる アングルから見る。

どんな苦しみにも様々な側面があります。違う側面から見たら、自分に新たなチャンスをもたらしていることもあります。苦しみや困難が、自分をよりよく変えてくれる機会かもしれません。ですので、出来事は常にあらゆる側面から見て、感じ、考えることが大切です。

049

約束を守る。

豊かな人間関係をつくりたいのなら、たしかな信頼関係をつくりたいのなら、社会の一員として貢献したいのなら、約束を守りましょう。とてもシンプルで、とてもむつかしい、きほん中のきほんです。約束を守り続けたという積み重ねほど、尊い財産はありません。

050

正しくないこと。

正しさとは何かを見つけ出すのは、人生の中の大きな悩みであり、大きな難問ではないでしょうか。考えてみましょう。「正しく見ているか、正しく思っているか、正しく話しているか、正しくおこなっているか、正しく暮らしているか、正しく努力しているか、正しく判断しているか、正しく考えているか」。そしていちばん大切なことは、「正しくないこと」を否定しないこと。「正しくないこと」を否定するのは、正しいことではないのです。

051

指差し確認を。

「こんな自分になりたい」「あんなことがしたい」という夢や目標よりももっと大切で、問答無用に優先すべきことは、人を悲しませず、傷つけないことです。これより大切なことは存在しません。それはほんとうに人をしあわせにするのか。うれしいことなのかを指差し確認しましょう。

052

得意なことを。

最近、どうもうまくいっていなかったり、自分が自分でないようなこころもとなさを感じたりしているなら、得意なことを、ひたすらしましょう。特別なことでなくていいのです。卵焼きをつくる、ジャムを煮る、長い距離を歩く、そんなささやかなことでかまいません。無心に、ひたすら、得意なことをしましょう。そのうちに心が片付けられて、すっきりすることでしょう。

053

やらないことを。

自分なりに「やること・やらないこと」をきちんと決めておくのは大切です。流行りにつられない。人に流されない。状況に迷わない。そのためには「やること・やらないこと」という枠組みをもっていたほうがいいのです。そのうえで、「やる、やらないを判断しない」という大人の賢さももっておきましょう。世界は右と左だけではなく、上と下だけでもないのですから。

054

「いいところ」を。

第一印象というのはとても強いものだから、何か感じたとしてもあえて横に置いておいたほうがいいのです。たとえ最初に「ちょっといやだな」と思っても、その気持ちは横に置いておき、その人の「いいところ」を探しましょう。「興味がない」と決めつけず、「いいところ」を見つけましょう。対象がモノでも人でも、「いいところ」を見つける名人になりましょう。

055

おだやかさを。

相手をよろこばせることは大切です。うれしくて、うれしくて、お互いに夢中になることもあるでしょう。しかし、「よろこばせる」というのは一瞬のものであることが多く、しあわせにすることとは異なるのです。長期的に見て、相手をしあわせにするのは、強いよろこびではなく、おだやかな心地良さではないでしょうか。

056

無駄貯金を。

「こんなことをやっていて、なんの意味があるだろう?」そんな虚しさにとらわれる日々があるかもしれません。しかし、無駄に思えることは、心の引き出しにしまい、「貯金」しておきましょう。忘れた頃に取り出すと、得《え》がたい宝物に変わっていることは珍しくありません。若ければ若いほど、無駄なことをたくさんして、たくさん貯めておきましょう。

057

アイデアを忍ばせる。

家族、友だち、仕事相手であっても、出会って、ひとときをともにする縁のある人たちです。いつも相手をよろこばせるアイデアをポケットに忍ばせておきましょう。ちょっとした驚きとともによろこんでもらえるものは何か、つねに考えておくクセをつけましょう。相手をよろこばせることができたなら、家庭も、人づきあいも、仕事も、自分の夢も、いいほうへと回り出すきっかけになります。

058

自分のものなど何ひとつない。

すべての大切なものは世界からの預かりものであり、自分のものなど、実は何ひとつありません。たとえばお金をもっているのなら、「お金を使うという役割」を世界から与えられているだけです。だからこそ、自分のためではなく、世界のためにお金を使わなければなりません。そう考えると、謙虚になれるし、人にやさしくなれるでしょう。自分の生きる役割を見つけるヒントにもなるでしょう。

4章

自分を信じて一歩一歩

059

旅をするように。

人間であるとは、孤独であることです。誰かと一緒にいても寄りかからない個としての自分があってこそ、自立歩行で自分らしく生きていけます。個としての自分で生きましょう。どこにでも、自由に旅をするように、あなたらしく。

060

向かい風は大歓迎。

「がんばって」とみんなが後押ししてくれて、「よくやっている」とまわりの人にほめられたら、行動しやすいでしょう。でも、大勢の人が集まっている広場をくるくるまわっているだけかもしれません。逆に「変なこと」と見放されたり、「何をやっているの?」と反対されたりしたら、向かい風が強すぎて、じりじりとしか進めません。しかし、向かい風が顔に当たるのは、前に誰もいないからです。矢面《やおもて》に立ってあたらしいことに挑戦するなら向かい風は大歓迎。向かい風は、前進している証拠なのですから。

061

言葉よりも目を。

意見が食い違ったり、それがこじれて言い合いになったりしたときは、相手の目を見ましょう。「この人の意見は間違いだ」と思っているのなら、相手の目を見ましょう。反論するときにも、相手の目を見つめながら話しましょう。どんなに考え方が違っても、目と目で会話をしながら言葉を交わせば、お互いの「人間性」を尊重することができるのです。

062

自分に関心を。

自分について考えるときには、誰かと比べるのはやめておきましょう。「あの人よりかしこい、きれい、おもしろい、すぐれている」と考えて勝ちほこることに、なんの意味があるのでしょうか？　「この人より愚かだ、みっともない、貧しい」と考えて卑下することに、なんの意味があるのでしょうか？　自分は自分。純粋でまぎれもない自分。誰かと比べることではわからないのが自分です。良きも悪きも自分そのものに関心をもちましょう。そのときはじめて、自分を知り、何をすべきかわかるのです。

063

出会う人は皆、先生。

「自分をもっと成長させたい」「昨日よりも今日は少しでも進歩していたい」と願うのなら、学びは大切です。本を読むことも役に立つでしょう。仕事でも学びはあると思います。しかし、「いちばんの先生」は毎日出会う人たちです。特別な気づきを与えてくれるすぐれた人だけが先生とは限りません。乱暴な物言いをする人、不愉快な人、風変わりな人。出会う人は誰もがみな、先生です。

064

真似から始める。

「すべての創造は模倣から始まる」という言葉があります。あたらしいものを創り出したいのなら、まずは肩の力を抜きましょう。そして「これなら信じられる」と思うものを真似してみましょう。真似ることでそのものの「フォーム」を学び、それを応用して、自分なりのものをつくってみるのです。一つだけ真似するというより、すてきと思ういろいろなものを真似してみましょう。その繰り返しが新たな創造につながっていくはずです。

065

ゼロから生み出す。

真似をしてみたり、失敗をしてみたりして力を蓄えたのなら、頭の中を無にして、一度、ゼロから何かを生み出してみましょう。ささやかなことでかまいません。何にも頼らず、自分だけのオリジナルをかたちにするのです。どんなに小さくても、それは自分の「発明」です。ゼロから何かを発明してみれば自信がつきます。これから生きていく力にもなります。

066

決めつけない。

「この人は、こんな人」「このプロジェクトは、こんな感じ」と、新しい人や物事に接したとき、自分のフィーリングで決めつけてはいけません。自分のもっている整理箱に放り込んだら、あたらしい発見ができなくなってしまいます。決めつけずに、まずはしっかりと受け止める。まっさらな素直さで見つめましょう。

067

ぶつかってもいい。

どんなつきあいにも、波風が立つことはあります。行き違ったり、対立したり、感情的になったりすると、お互いに気まずくなるものです。「この人とはもう、距離を置こう」と思うかもしれません。しかし、いつも笑顔でなごやかに接しているだけのつきあいは、うまくいっていそうに見えて浅いものです。勇気をもって「なごやかなつきあい」から一歩踏み出しましょう。対等な人間として、相手とぶつかりあって摩擦がおき、関係が壊れかけたり、ひびが入ったりしたのなら、その人と深くつきあうチャンスが訪れたということです。

068

すべての変化は成功。

昨日と同じ自分でいるのは安心なことでしょうか？　「ずっと変わらないね」と言われるのは、すてきなことでしょうか？　変わらない自分でいたら、たしかに安らげるかもしれません。でも、そこには成長はないものです。変わることを恐れずにいましょう。変わることを、「成長」だと思ってよろこびましょう。ささやかでもいいから、あたらしいものを生み出し、自分や自分のまわりのあれこれを、ほんのちょっぴり改善しましょう。すべての変化は「成功」です。

069

欲望は希望。

すべてのことは「する、しない」のどちらか一つです。何かを「する」ときには、「したい」という気持ちが根っこにあります。「したい」という気持ちがあって、でも「する、しない」で迷っているのなら、その「したい」という気持ちについて自分に問うてみましょう。「それは欲望ですか？希望ですか？」と。答えが希望でなければ、それは「欲しい欲しい病」かもしれません。希望であったら、それはすてきなこと。でも、「欲しい欲しい病」もまた、人間らしさという、いとおしいものです。こう考えると、欲望は希望なのかもしれません。

070

願いは叶う。

本当に強く、心の底から願ったことは、魔法のようにたいてい叶います。

ただし、その願いは、正しく、潔癖なものでなければなりません。お金が欲しい、楽しいことがしたいという願いはきよらかさがない我欲に過ぎず、「願いの魔法」が効かなくなります。

071

時には自分を疑う。

自分は正しい、自分は自分、ありのままの自分でいい。こうした考え方は居心地がいいものですし、自分を守ってくれますが、成長させてはくれません。もっと枝を伸ばせるのに、「そのままでいいよ」と丸めてしまったら、木は空に向かって育つチャンスを失います。だから積極的な自己否定をしてみましょう。自分を全否定するのではなく、「ここはだめだけれど、こうすればもっと良くなる」というところを探していくのです。時には自分を冷静に疑って、自己否定がうまくなれば、いつでも自分をリセットし、ゼロからスタートできるようになります。

072

コンプレックス。

みっともなくて、恥ずかしくて、できれば見ないふりをして蓋《ふた》をしてしまいたい。そんなコンプレックスを抱えている人は多いかもしれません。しかし、勇気を出して覗き込めば、コンプレックスは個性の種です。「知識がない」というコンプレックスがあるから勉強ができますし、「人づきあいが苦手だ」というコンプレックスがあるから人づきあいについて考えられます。コンプレックスを捨てずに、自分を奮い立たせる武器にしましょう。コンプレックスという宝ものから、自分を育てていきましょう。

073

成長のしるし。

仕事でも学びでも人とのつきあいであっても、「きついな」「大変だな」「つらいな」と思うのは尊いことです。つらいと感じたら、成長のチャンスだと思ってよろこびましょう。無意識のうちにできてしまったり、何も感じずにこなせたりするのなら、それは慣れ親しんだ楽な道を歩いているということ。そこには学びも成長もないことを、知っておいたほうがいいでしょう。

074

「恋愛」をちからに。

どうにもならず、何もかもがうまくいかず、心がしぼんでしまうことがあります。自信などなく、気分転換すらできないほど、弱ってしまうことがあります。そんなときは、「恋した記憶」を思い出しましょう。それが輝いたものであっても、せつない終わり方をしたものであっても、恋をしたときの自分のがんばりや夢中を思い出せば、だいたいのことは乗り越えられるはず。恋愛をしたときの気持ちで困難に立ち向かいましょう。

075

迷ったときは。

不安にとらわれたとき、立ちすくんで考えていると、不安はますます大きくなります。不安にがんじがらめになり、気づけば身動きができなくなっているでしょう。だから、迷ったら歩き出しましょう。最初の一歩を踏み出しましょう。勇気は頭からではなく、足からわいてくるものです。歩くことで思いつく新しい希望があるのです。

076

おもしろい人生とは。

生まれたときからしあわせで、しあわせに育ち、しあわせな青春を送り、しあわせな仕事をし、しあわせな出会いを経て、しあわせな家庭を築くというのでは、おとぎ話にさえなりません。苦しいこと、つらいこと、不安なこと、せつないこと、思うようにいかないこと。こうした困難を乗り越えていくのが、魅力的でおもしろい人生ではないでしょうか。

077

世界を考える。

「自分とはなんだろう、自分はどんな人間だろう」――自分を見つめ、自分について考えるのは、大人になる第一歩です。しかしそれは、子どもが少年や少女になるという第一歩で、大人になる道のりの途中に過ぎません。いつまでも自分についてだけ考えていたら、自己愛がふくらむだけです。しっかりと大人になるためには、「自己分析」を卒業して、世界やまわりの人について思いを巡らせましょう。心を外側に向けていけば、誰かを助けたり、世界を良くしたりすることができます。それによって自分自身が成長できるのです。

078

「最初の小さな一歩」は自力で。

自分の目指す道を、自分の力で歩いて行きたいのなら、「最初の小さな一歩」を自力で踏み出すことです。誰の力も借りてはなりません。誰かのあとをついていこうとしてもいけません。簡単ではありませんが、行きたい道を見つけたら勇気を出して踏み出しましょう。自分の道は、自分で踏み出す。これが成功する秘訣なのです。

Nigel Slater

5章

頭ではなく心を働かせよう

079

頭ではなく心で。

自分にふさわしい道を選びたいのなら、人をよろこばせたいのなら、世の中の役に立つ生き方をしたいのなら、意思決定は心でしましょう。途中までは頭で計算をし、理性的に考えたとしても、最後の最後は心に委ねて決断をする。それが納得のいく答えを出す秘訣です。

080

思いやりから はじめる。

頭で考えてばかりいると、バランスがかたよってしまいます。「ちょっと頭をつかいすぎだな」と感じたら、積極的に心をつかいましょう。心をつかうというのはむつかしいと感じるなら、まず相手を思いやることから始めましょう。「この人の困りごとをどうやって解決できるか」「この人によろこんでもらうにはどうしたらいいのか」。そうしたことを、頭ではなく心で考えてみましょう。

081

思いやりとは。

まわりの人が今何を考えているのか、何をしてほしいのか、何に困っているのかを想像する心持ちが、思いやりです。自分は後回しにして、まわりの人を思いやれば、やさしさが生まれます。できれば、より深いところまで想像力を働かせましょう。元気に見える人も、困りごとを抱えているかもしれない。笑っている人が、涙をこらえているかもしれないのです。想像力を深めれば、思いやりは自然にわきあがってきます。

082

押しながら引く。

これだけはなんとしても譲れないし、何があってもやりとげたい。その思いが強ければ強いほど、押す一方ではいけません。一人でやっていることなど何ひとつないのですから、主張するときには、押しながら引きましょう。その先にいる相手を思いやりながら、目の前の相手を思いやる気持ちを忘れずにいましょう。

083

声をあげる勇気を。

もしかしたら、言っても無駄なのかもしれません。「それは違うよ」と言うことで、波風を立てるのかもしれない。それでも、「違う」と思ったことを「違う」と言わなければ、誰かが傷つくかもしれません。違うことを違うままにしておいたら、本当のことがわからなくなってしまうかもしれないのです。「違う」というひと言に世界を変える力はなくても、「違う」と思っている誰かを助けられるかもしれません。だから「違う」と声をあげる勇気を、忘れずにいたいものです。

084

自分について語る。

誰かと一緒にいる条件として、惹《ひ》かれる気持ちも楽しさも大切ですが、それをはるかに上回るものは、「価値観が合う」ということではないでしょうか。その人の価値観を知りたいのならば、相手に尋ねるのではなく、まず自分から自分の価値観について語りましょう。自分は何を大切にしているのか、心をひらいて話してみましょう。心をひらかなければ、相手も心をひらいてはくれないものです。

085

もっと かわいがる。

ここが欠けている、これができない、ここが良くない、ここを改めたほうがいい。自分に厳しくすることは大切なことではありますが、悪いところをあげつらい、責めたててはいけません。自分をいちばん愛せるのは、ほかの誰でもない自分自身です。「愛する自分」を、もっとかわいがりましょう。「これができないなら、しあわせではない」などと条件をつきつけたりせずに、弱さや欠点を含めて愛してあげましょう。

086

求めすぎない。

大好きで大切なものほど、求めすぎないようにしましょう。たとえば、アイスクリームが大好きなら、毎日食べずに特別な日のごちそうにする。たとえば、会うとたまらなく楽しい大切な人がいるのなら、毎日会ったり、朝昼晩とSNSでやりとりしたりするのはやめておく。求めすぎず、仲良くなりすぎず、節度をもってつきあっていきましょう。モノでも人でも、ずっと大好きでいるための方法です。

087

いざというときこそ。

まわりを気にして恥ずかしがっていたら、思う存分、楽しむことはできません。上手にできないかもと不安になって、恥ずかしがっていたら、一所懸命に何かに取り組めません。精一杯、力を出し切ることもできません。いざというときこそ恥ずかしがらない。恥ずかしさを無くしたとき、あなたは最強にパワーアップするのです。

088

野心を忘れない。

野心とは、生まれたままの心です。飾りを取りはらった自分の本質です。もって生まれた自分の本質を、いちばん良いかたちで世の中の役に立てたいという素直な欲求です。その意味で、すべての野心はその人らしさのすこやかなあらわれなのです。あなた自身の野心を忘れないように。

089

まわりをうかがわない。

意見も行動も、みんなに合わせていれば安心です。空気を読み、波風を立てず、「人と同じ」をきほんにするというのは、無難な生き方といえます。しかし、世界を相手にしたい、大きなチャンスを得たいと願うのなら、「人と同じ」という態度でいてはなりません。ぬるま湯につかっているような状態で、まわりの出方をうかがっていては、何ひとつ、なしとげられないでしょう。だから、わが道を進みましょう。「これがチャンスだ」というときは、思いきって真っ先に飛び出しましょう。

090

ときには喧嘩も。

思ったことを胸に秘めたまま、言葉だけはおだやかで、でも心は互いに違う方向を向いている。風ひとつ吹かないこんな関係はまるで荒野のようで、そこには草一本生えていないのではないでしょうか。ありのままの自分を出して、ときには喧嘩をしましょう。意見を言い合い、気持ちをぶつけ合い、生身の自分で相手とぶつかってみましょう。雨が降るかもしれませんし、嵐になるかもしれません。しかし、そうすることで大地は潤い、何かが芽吹くのではないでしょうか。

091

離れてみる。

どんなに好きなことであっても、続けていけば壁につきあたります。そんなとき、自分を厳しく叱り飛ばして、がんばりすぎてはいけません。いっとき、その好きなことから離れてみましょう。ギターが好きでゆきづまったなら、ギターを弾くのを半年なり一年なり、やめてしまうのです。もう一度やろうという気持ちになったときには、好きなことができるしあわせが、よみがえっていることでしょう。どうしても越えられなかった壁が、ひょいと越えられたりします。

092

心の中にテーブルを。

一人のお客さんも、二人のお客さんも、グループでも座れる場所。カフェにある大きなテーブルを、見たことがあるでしょう。隣りあわせた知らない人同士が、ふっと言葉をかわせるような拠《よ》りどころです。そんなテーブルを、自分の心の中に用意しておきましょう。「ここは誰が来てもいい。誰が座ってもいい。黙っていてもいいし、自由に話してもいい」。そんな大きなテーブルが心の中にあれば、人にやさしくなれるのではないでしょうか。

SWEET
EVE
3
25.

EVE DELIGHT

093

思い出そう。

人を愛するには、愛し方を知らなければなりません。愛し方を知りたいのなら、思い出してみましょう。「これまでの人生で、自分はどれだけ愛されただろうか?」と、振り返ってみましょう。「どれほどの愛をいただいたのだろうか?」と感謝をもって自問してみましょう。親、きょうだい、家族、友だち、恋人。あなたを愛してくれた人たちは、愛し方を学ばせてくれた先生なのかもしれません。

094

自分を好きに。

たくさんの人に囲まれて、慕われている人は、自分もいろいろな人を囲む輪に入り、たくさんの人を慕っています。「あの人はすてき」とみんなに認められている人は、自分も「あの人はすてきだな」と、相手を認めることを知っています。自分を認め、人を認めましょう。自分も人も、同じように好きになりましょう。

095

さびしさに負けない。

さびしいと、差し出された手を握りたくなるかもしれない。さびしいと、誰かに寄りかかりたくなるかもしれない。相手のほうも、あなたの寄るべなさを受けとめてくれるかもしれません。でも、こうした関係は単なる依存であり、相手の心に寄生することです。そんなつながりにすがって生きるのは、一人で生きるよりも、ずっとさびしいことではないでしょうか。さびしさから生まれる愛はありません。さびしさから生まれる友情もありません。さびしさから生まれた関係には、信頼という花は咲かないでしょう。

096

お礼上手に。

何かしてもらったり、助けてもらったりしたときは、すぐさまお礼を言うのは当然のこと。大切なのは、翌日に「昨日はありがとうございました」ときちんと伝えられるかどうかです。ただ、お礼を言うのではなく、どのようにうれしかったか、楽しかったか、助けられたか、勉強になったか、感想をそえることです。人との豊かなつながりを築きたいなら、お礼上手になりましょう。

097

行動であらわす。

コミュニケーションは心から生まれてきます。しかし、心で考えるだけではコミュニケーションはなりたちませんし、言葉だけでも足りません。コミュニケーションをしっかりととりたいなら、心を行動であらわすことが大切です。「困っているな」と気がついたら手を差し伸べる。感謝の気持ちは行動で伝える。こうしてコミュニケーションを重ねていけば、自然と助け合える関係ができていきます。

"But why does he do it? Why is he interested in these...

Alex rolled a cigarette and lighted it. "He isn't, but he loves whiskey. He knows if he listens in windows and comes here and repeat what he hears, someone will give him whiskey. He tries to palm what he hears, someone will give him whiskey. He tries to palm of Mrs. Ratz' conversation in the store, or Johnny's arguing with his mother, but he can't get whiskey for such things."

I said, "It's funny somebody hasn't shot him while he was peeking in windows."

Alex picked at his cigarette. "Lots of people have tried, but you just don't see Johnny Bear, and you don't catch him. You keep your windows closed, and even then you talk in a whisper if you don't want to be repeated. You were lucky it was dark tonight. If he had seen you, he might have gone through the action too. You should see Johnny Bear screw up his face to look like a young girl. It's pretty awful."

I looked toward the sprawled figure under the table. Johnny Bear's back was turned to the room. The light fell on his black matted hair. I saw a big fly land on his head, and then I saw the whole scalp shiver the way the skin of a horse shivers under flies. The fly landed again and the moving scalp shook it off. I shuddered too, all over.

Conversation in the room had settled to the hushed monotone again. Fat Carl had been polishing a glass on his apron for the last ten minutes. A little group of men near me were watching a card game and saw nothing else.

...head twitched back toward...

...looked back at him. "Take...

...Timothy Ratz won a game...

...moved up on the bar.

I looked back at the table...

...had rolled over on his stomach...

...out at the room. His head moved...

...an animal about to leave its...

...and stood up. There was a...

...looked twisted and shapeless...

...lack of effort.

Johnny Bear crept up the...

...as the men he passed. In front...

...arose. "Whiskey? Whiskey?...

...what kind of bird, but I've...

...taking a question over some...

Whiskey?"

The conversation in the room...

...used to lay money on...

Then he tried to coax...

6章

完璧を求めず、受け入れる

098

完璧を求めない。

優秀でいいところだらけで完璧というのは、つるんと手がかりがない壁のようなもので、愛着がわかなかったりします。人でもモノでも、少しでこぼこしていたほうが愛せるのではないでしょうか。「だめなところ」があるから、その人がいとおしいし、「だめなところ」があるから、その人の「いいところ」が輝きます。お互いの足りない部分と足りている部分をいとおしむ関係はすてきです。

099

失敗はチャンス。

失敗をせず、いつも完璧で正しく、迷いがないのは、たしかにかっこう良いのです。しかし、つねに失敗をし、完璧とはほど遠く、迷ってばかりなのが現実かもしれません。間違えるということは、まだ伸びしろがあるということ。間違いを認め、過ちを正すことで、成長のチャンスが生まれます。人は成功からより失敗から多くを学べるものではないでしょうか。

100

リスクを受け入れる。

リスクとは自分でコントロールできることです。コントロールした上でのリスクは常に受け入れると良いでしょう。リスク回避ばかりしていたら何も得ることはできません。自分でコントロールできないことはいわばギャンブルです。ギャンブルにはスリルがあり、それがクセになります。ギャンブル体質にならないように気をつけましょう。

[101]

嘘も受け入れる。

小さな嘘をついたり、見栄を張ってしまったり、ちょっとごまかしてしまうことは誰にでもあります。話を聞いていて「あっ、嘘だな」と気がつくこともあるでしょう。そんなときは追及するのではなく、あっさりだまされてしまいましょう。嘘をつく人には、嘘をつかなくてはいけない理由があるはずです。「嘘も含めて相手を丸ごと受け入れる」。そんな思いやりもあっていいのではないでしょうか。

102

弱さに頼らない。

みんな何かしら、痛みを抱えています。誰かの痛みが誰かの痛みよりつらいということはなく、比較できるものではないのです。それなのに「私はこんなに傷ついている」「自分はつらい立場だから」と弱さを武器にしてはいけません。自分の弱さは自分で抱えて、相手の弱さをお互いに思いやる。それが個として生きる覚悟ではないでしょうか。

103

自分から手を差し出す。

笑顔であいさつがしてほしければ、にこやかに「おはよう」と声をかけましょう。仲良くなりたかったら、自分から近づきましょう。やさしくしてほしかったら、やさしくしましょう。尊敬してほしければ、尊敬しましょう。何かしてほしいのなら、自分からまず手を差し出し、相手がしてほしいことをしてあげる。自分を満たす前に、相手を満たせば、たいていの人と良きつながりをもてます。

104

「してあげた」と思わない。

親切も、気づかいも、手伝いも、すべては自分の意思でやったことです。見返りを求めない愛情表現ですから、「してあげた」と思うのはやめにしましょう。相手に感謝してほしい、よろこんでほしいと願う気持ちはやっかいなもので、相手を支配しようという気持ちに育ってしまうことがあります。「してあげた」ことは一つもありません。したくて自分がしたのです。

105 ひたすら待つ。

いくら春が好きだとしても、夏と秋と冬を飛ばして、春を迎えることはできません。種を蒔《ま》いたら、待たなくてはいけない。芽が出たならば、待たなくてはいけない。葉が育ってきても、まだ、花が咲くまでは待たなくてはいけない。つぼみをこじ開けても、花ひらくことはないのです。物事には、必要な時間があります。ひたすら待つ。じっと待つ。黙って待つ。待つというのは、愛情のあらわれなのです。

106

手入れを、おこたらない。

縁というのは、最初は小さな種のようなものです。大切にいとおしんで育てていき、無事に芽吹いたならば、枯れないように心を込めて守りましょう。おひさまにあてたり、水をやったり、休むことなくかわいがり、手入れをしましょう。そうしたいとなみを、時間をかけて、たゆまず続けていくことで、相手との関係性が築かれていきます。人間関係とは、自然に生まれるものではありません。手入れをし、育てていくものなのです。

107

個と個でつながる。

人間の単位は「一」ではないでしょうか。一人はさびしい、一人は心細いと思ったとしても、人の最小単位が「一」であるのならば、それを受け入れる。逆にいうと、孤独を受け入れ、個として生きる人だけが、同じように個として生きる誰かと、深くつながりをもつことができます。孤独というのは、人が生きていくうえでの絶対条件といえるでしょう。

108

白と黒のあいだの関係。

「この人はいやだな」と感じたことがあるはずです。気が合わなかったり、間違っていることをしていると感じられたりする相手も、残念ながらいるものです。世の中の大勢の人から「あいつはだめだ」と言われるような嫌われ者も存在します。それでも、彼らを切り捨てるのはやめておきましょう。いい・悪いを頭で判断しない。好き・嫌いを心で判断しない。白黒をつけず、白と黒のあいだくらいにその人を置いておく。これは人づきあいの知恵といっていいでしょう。

109

素直にほめる。

その人のいいところに気づいたら、ためらわずにほめましょう。目がきれい、今日の服がすてき、笑顔の挨拶が気持ちいい、どんな小さなことでも、気がついたらほめましょう。へんな誤解をされそうだとか、ほめるのは慣れていないなどと尻ごみせずに、思ったままを口に出してほめましょう。

人間対人間としてつきあおうというアプローチになります。

二〇

しあわせのおすそわけ。

うっとりするほどおいしい果物をいただいたら、「一人で食べるのはもったいない」と思うでしょう。誰かとそのおいしさを、わかち合いたくなるからです。その「誰か」の範囲を、少しずつ、少しずつ、広げていきましょう。最初は大切な人。家族。友だち。仲間。そこからもっと広げてみます。果物だと限りがありますが、しあわせであれば、遠い世界の誰かにも、別のかたちでわかちあえるかもしれません。しあわせは、おすそわけしましょう。

三

最低で最高だからこそ。

人でも物事でもどんなものでも、最低の部分と、最高の部分があるからこそ魅力を感じるのです。いわば、最低と最高だからこそすばらしいのです。そのバランスに人は皆、心をひかれるのです。たとえ最低な部分に失望をしたとしても、隠されている最高の部分によろこびがあることを忘れてはいけません。最高の部分だけによろこび、最低の部分を受け止めないのも残念なことです。最低と最高は常に同居していることを知りましょう。

112

その人らしい人生のために。

愛する人がいるのなら、しばりつけてはいけません。自分の人生に無理やり添わせてはいけません。自分の愛の強さで、「その人らしさ」をゆがめたりしてはなりません。愛する人がいるのなら、その人を生かしてあげましょう。「その人らしい人生」という大空を、自由にのびのびと飛び回れるように、助けてあげましょう。くじけそうなときにはいたわり、ときには嵐から守ってあげましょう。たとえ遠ざかることになったとしても、愛する人が、いつでもその人らしくいられるように、心の底から応援する。それが「愛する」ということではないでしょうか。

113

与え合う愛。求め合う愛。

「愛しているから、愛してほしい」と愛を証明する言葉や態度を求めてばかりいたら、お互いに息苦しくなってくるでしょう。愛してほしいならば、愛を求めるのではなく、まず自分が愛を与えることです。自分の意思で自分からすすんで、相手に愛を与え、思いやりをもち、やさしい言葉を口にしましょう。求め合う愛はお互いをしばりますが、与え合う愛はお互いを自由にします。

114

できるだけ依存しない。

仲間、趣味のグループ、会社、家庭、どこかに所属していると安心できます。居場所ができた気がしてやすらげるのです。しかし、その心地良さに浸りきって、自分の時間をもたなくなると、所属しているものに依存するようになります。何かに依存する生き方は、自分をなくす生き方であり、たいそうこわいことです。どこに属していても、自分一人の時間をもちましょう。

115

「いつ別れてもいい」という自立を。

「生活のため」「お金のため」「しょうがないから」という理由でつながっていたら、相手をしあわせにできないし、自分も不幸になってしまいます。いつ別れてもだいじょうぶだし、たとえ今日別れたとしても、お互いにだいじょうぶ。でも、一人でいるより二人でいたほうがしあわせだから、ともに暮らし、ともに生きている……。パートナーと、こんな関係性をもてたらすてきです。

二六

頼るのは自分。

悲しみの底に落ちてしまった。そんな気持ちがするほど、落ち込んでしまうこともあるでしょう。誰も助けてくれない。頼れる相手もいない。心を許して弱みを見せられる人もいない。そんなときは、絶望してしまうかもしれません。でも、忘れずにいたいのは、最後に助けてくれるのは自分だということ。どん底まで落ちてしまったときは、自分で自分に手を差し伸べる。こんな覚悟をもつことが、大人として生きていくことではないでしょうか。

PRIVATE
Beyond this

一一七

共に歩く。

大切なパートナーと、手をつなぎたくなるのは自然なことです。しかし、安心するあまり、もたれかかってはいけません。親しくなるあまり、背負ってもらおうとしてはいけません。理想としたいのは、手をつないで、でもお互いが自分の足でしっかりと立つ関係です。尊重し合い、協力し合いながら歩きましょう。

7章

笑顔のために。明日のために。

一一八

落ち込んでもいい。

人は弱いものだということを、忘れてはなりません。些細なことで傷つくこともあれば、どうやっても元気が取り戻せずにふさぎこんでしまうこともあるでしょう。困ったことにそんなときは、「しっかりしろ!」という激励も、「だいじょうぶだよ」というやさしさも、あまり効き目がないのです。だから、落ち込んだときは、とことん落ち込みましょう。無理やり笑わず、平気なふりもせず、うずくまって、泣きじゃくって、のたうちまわりましょう。落ち込んだ底の底に、次のステップへの扉があります。

119

まずは自分で考える。

すぐに検索しない。人に聞かない。本で調べることもしない。あきらめない。何ひとつ手がかりがなくても、まずは自分で考えましょう。わからなければわからないほど、自分で考えましょう。悩んでも相談しない。迷ってもアドバイスを求めない。途方に暮れていても、まずは自分で考えましょう。自分で考えるとは、自分で決めるということです。

120

あきらめないとは。

アイデアをひらめくためには、悩みを解決したいのなら、「あきらめずに考え続ける」というのをルールにしましょう。何も思い浮かばなくても、あきらめない。こんなことをしても無駄だと思っても、あきらめない。そうやってあきらめずに考え続ければ、きっと答えは見つかります。あきらめないとは、自分を信用することでもあるのです。

121

将来は
わからない。

「この先、どうなるんだろう？」とふと思うと、不安がこみ上げてきます。ああしよう、こうしようと、考えるかもしれません。「将来はこうしたい」と目標が固まりすぎていると、できていない自分を見て、焦りがわき上がってきます。あれもしなければ、これもしなければ、と考えるかもしれません。しかし、将来とはわからないもので、わからないから将来なのです。いつも今としっかり向き合う姿勢が、将来につながっていくのです。

122

行動の量を増やす。

広い世界に出て行けばチャンスのドアはたくさんあり、わざわざノックしなくても、実はそのどれもがひらいています。チャンスをつかめるかつかめないかは、「どこにでもチャンスがある」と気がつけるかどうかにかかっています。チャンスをつかむ秘訣は、行動の量を増やすことです。広い世界を視野に入れて行動しましょう。

123

別れは成長の証。

いつものメンバーの居心地のいいコミュニティで、いつも同じ話をしているのは楽しいものですが、そこに成長があるかといえば首をかしげます。ときには背伸びのつきあいをしてみましょう。自分よりうんと年上の人や年下の人、うんとすごい人やうんとスケールの大きな人と接してみましょう。いつものメンバーへの裏切りのように感じるかもしれませんが、馴れ合いの人間関係が、自分の成長を妨げているのかもしれないのです。居心地の良い輪に「さようなら」を告げることも、人生には必要です。

124

「温め直し」を。

つくりたての温かな料理はおいしいけれど、時間とともに冷めていきます。どんなに上手につくったところで、ずっと温かい料理はないのです。人の気持ちもこれに似ていて、冷めていくのは自然なこと。誰が悪いわけでもありません。だから、冷めたら温め直しましょう。ことこと、ことこと、火にかけて。火すらないようなときには、手のひらで包んで温めてみましょう。つくりたての温かさに戻らなくても、冷たさは消えるはずです。その一所懸命さが、人の心を温めることもあります。いつも「温め直し」を忘れずに。

125

もっと自由に。

誰にでも「これが自分だ」というアイデンティティがあります。それは大切なことですが、ときとして自由を奪う枠組みとなります。「自分はこういうことをする・しない」「自分はこんな人間だ」という定義に閉じ込められて、型にはまった考え方、生き方しかできなくなってしまうのです。思いきって、自分らしさを捨ててみましょう。そうするとスイッチが切り替わり、頭ではなく、もっと自由に心で考えられるようになります。自由になれれば、まっさらであたらしい自分らしさができていきます。

126

夢中は努力に勝る。

夢に向かって努力をすることはとても大切ですが、もっと大切なのは夢中になることです。夢中は努力に勝る、という言葉を心に刻みましょう。夢中には、時間を忘れるほどのたのしさおもしろさが潜んでいます。ですので、なにかひとつでも自分が夢中になれることを見つけましょう。それは他人に認められるようなことでなくてもいいのです。夢中になれることを持っている人には不思議と人が集まります。たのしんでいる人は魅力にあふれているからです。人は遊んでいるときこそ成長し、多くを学ぶともいいます。

127

勇気ある臆病者に。

ちょっとのことにおびえたり、すぐに心配になったり、万一のときには逃げられるように身構えていたりすると、「なんて臆病なんだ」と笑われるかもしれません。しかし、臆病さとは敏感さであり、感受性が豊かな証拠です。「真っ先に逃げ出す人は弱虫だ」という見方もありますが、「危機を敏感に察知して、勇気ある判断をした人」という見方もできます。自分の敏感さを尊重し、勇気ある臆病者になりましょう。

128

決めるのは自分自身。

ある出来事が起きたとき、それがどんな経験かを決めるのは、自分にほかなりません。同じことが起きても、「たかが、こんなこと」と決めつけるか、「いやあ、おもしろい！」と受けとめるかで、経験そのものが変わります。

もちろん、つらい出来事や不幸な出来事もあり、すべてをポジティブに受け止めることはむつかしいものです。しかし、ただでさえ苦《にが》い「つらい出来事」に、自分のぐちや不満で味付けをして、さらにひどい経験にするか、「つらい出来事」をありのままに味わって、学びの経験とするか、決めるのは自分自身です。

129

はっきりと言う。

相手の無神経な言葉に傷ついてしまったら、笑ってごまかさずに「傷ついた」と伝えましょう。一所懸命にしてくれた仕事の質が良くなかったら、「がんばったんだから」と大目に見ずに、シンプルに「良くありませんでした」と率直に伝えましょう。言いにくくても感じたことをはっきり言うのは、正直に相手に反応するということです。愛情がなければできないことであり、長くつきあうために欠かせない真摯な姿勢です。

130

怒っても
いいことは起きない。

誰だって傷つくことはありますし、傷の痛みが怒りに変わることもあるでしょう。理不尽なことを強《し》いられたり、心をえぐる言葉を投げつけられたり、失礼な言葉使いに腹が立つこともあるでしょう。そんなときは、悲しくなっていいのです。つらくなってもいいのです。ただし、何があっても怒ってはいけません。怒りにして気持ちを吐き出せば、いっときすっきりするかもしれませんが、いいことはひとつも起きません。我慢して、許して、忘れてしまいましょう。おなかの中でも、怒らず、憎まず、恨まない。これは自分を守るための知恵でもあります。

131

「後味」の良い関係を。

食べている最中は、どんな料理でもおいしいものです。差が出るのは、食べ終わってからではないでしょうか。濃い味つけをしたものは、食べている最中はおいしくても、後味がしつこかったりします。いっぽう後味の良い料理とは、おいしさはほんのり残っているのに、口の中はすっきりしています。それは素材を生かして料理をしているからでしょう。人との関係もこれに似ていて、その場しのぎの楽しさや取り繕《つくろ》いでは、後味が良い関係にはなりません。人とのつきあいも、ありのままでお互いを生かすような、「後味」の良い関係を心がけたいものです。

132

人を助ける力を。

少しずつ、少しずつ、人を助ける力をつけましょう。人を助ける力がなければ、人脈はできないし、仕事もできません。人脈と仕事ができなければ、自分を世の中のために役立てて、世界の困っている人を減らすことはできないのです。損得勘定抜きに、思いきり気前よく、人を助けましょう。小さなことから、人を助けていきましょう。

133

生かし合うとは。

自分を生かしてほしいのならば、まずは相手を生かすことです。相手を生かすことができたのならば、つぎにまわりの人を生かすことです。そうやって自分より先に、人や物事を生かしましょう。そうしてはじめて、自分がこの世界から生かしてもらうことができます。「嫌な人やひどい出来事ばかりなのに、そんなのきれいごとだ」と思うかもしれません。しかし、それが真実だとして、立ち止まって憎しみだけを抱いていて、何が変わるでしょう? まず、「生かし合う」という言葉を、信じてみましょう。生かし合うとは許し合うことです。

134

ときどき立ち止まる。

「この道」と決め、疑いももたず、一心不乱につきすすんでいく。これは、すてきな生き方に見えて、実はこわいことです。ときどき立ち止まりましょう。「これでいいのかな?」と不安になりましょう。「間違っているかもしれない」と自分を疑うことも必要です。「ちょっとおかしくないか」とまわりを見渡す冷静さも忘れずにいたいものです。普通につきすすんでいたら、いつのまにか世の中やまわりの人につられて、流されてしまうかもしれません。だから、ときには立ち止まりましょう。勇気を出して足を止めましょう。

135

近道はやめる。

効率を求めて近道をするのは、「いいこと」のように言われています。時間をかけずに働いたり、家事をこなしたりするのがかしこいことだと思われています。しかし、それは真実なのでしょうか？　近道をせずに、あるべき道筋をきちんとたどってこそ、感じられること、学べることがあるはずです。ロープウェイを使って三分で到着する山頂と、草を払い、鳥の声を聞きながら、山道を踏みしめてたどりつく山頂では、見える景色はまったく違うことでしょう。遠回りでもじっくりと歩いて、たくさん感動して、学びましょう。

136

しんどいほうを選ぶ。

人生には、ありとあらゆる選択が待ち構えています。何かに迷ったときは、しんどいほうを選びましょう。決められなくて悩んでいるなら、「こっちが大変だろう」という道を選びましょう。楽だからという理由で道を選ぶと、スタートの時点で真剣さが欠けているので、道のりから得るものも少なく、どこにもたどりつけなくなります。

8章

深呼吸を忘れずに。

137

全戦全勝に気をつける。

この世に夜と昼があるように、自然にはバランスというものがあります。何もかもうまくいっていて、「全戦全勝で負け知らず」というのは、いっとき楽しいものの、自然の理に反していることではないでしょうか。勝ち続けると思わぬ怪我をして、ゲームに参加できなくなる可能性もあります。うまく勝つために、うまく負けましょう。怪我をしないために、ときどき負けましょう。「全戦全勝はこわい」という畏《おそ》れを忘れずにいましょう。

138

なにごとも腹八分目。

ごちそうを前にしたら、満腹になる少し手前で箸を置きましょう。夢中になってしまう趣味に取り組むときも、少し余白を残して手を休めることにしましょう。仲のいい友だちや恋人、家族とも、親しい仲にも礼儀を忘れずにいましょう。なにごとも、腹八分目。満腹になる手前で止めて、自分の中に余裕を残しておいてこそ、大好きなものをずっと大好きでいられます。

139

スピードを落とす。

みんな忙しいし、みんな一所懸命だし、やることはたくさんあるし、世の中はどんどん動きます。だからこそ、スピードを落としましょう。心をゆっくり動かして、まわりの景色に目をとめながら歩きましょう。どんなに急がねばならないとしても、ときどきは立ち止まりましょう。これまで気づかなかった道が見えてきて、まっすぐ一本道を進んでいるのではなく、曲がり角に差し掛かっていることに気がつくかもしれません。

140

持ち味を生かし合う。

まちがいなくおいしいのは、素材の味を生かした料理です。人もそれと同じで、持ち味を生かしてこそ、一人ひとりはしあわせになり、世界は彩り《いろど》豊かになります。しかしこれは、とてもむつかしいことです。何が自分の持ち味なのか。何がその人の持ち味なのか。それぞれを生かすには、どうすればいいのかは、結構な難題です。だからお互いに、相手の持ち味を見つけあい、生かし合う生き方が必要なのではないでしょうか。

［4］

人間について学ぶ。

人間というのは、身近でありながら未知なものです。自分を含めて、人間とは何かは永遠にわからないかもしれません。だからこそ、一生をかけて学び続ける価値があるのではないでしょうか。自分を見つめ、人を見つめ、人間について学びましょう。

142

怖さとさびしさを抱きしめる。

できれば目をふさいで、見ないふりをしていたい。できれば陽気に騒いで、知らん顔でごまかしたい。自分の中にある恐怖とさびしさとは、そんな感情です。マイナスのイメージであり、なきものとして扱いたくなるでしょう。しかし、怖さとさびしさは決して消えることがありません。抱えて生きていくしかないのです。それならば、怖さとさびしさを受けとめましょう。心の中に存在することを認めて、友だちのように抱きしめてあげましょう。

143

「断られ上手」に。

何かをお願いするときには、全力でお願いしたりしてはいけません。どんな依頼であっても、相手が断れる余裕をちょっぴり残すようにしましょう。誰にでも事情はあり、やむなく断らねばならないこともあります。そんなとき、相手に負担をかけないように、「断られ上手」になりましょう。

144

好きを育てる。

好きなことを深めていくと、楽しい発見、学び、出会いがあります。好きはそのことに誰よりも詳しくさせてくれる魔法です。詳しくなることで生まれるあらたな自分があり、その先には道も見えるでしょう。好きが自分を切り拓いてくれるのです。好きが自分のしあわせを生んでくれるのです。好きが人生の目的にもなるのです。

145

情報はほどほどに。

日々の暮らしの中に、普通にしていても、ありとあらゆる情報が入ってきます。だからこそ、ときには「情報を入れない」というやり方が、情報術になるのではないでしょうか。自分の軸をもたないままどんどんインプットをしていっても、役に立つ情報は得られないでしょう。

146

ときには全部捨ててみる。

これならできるし、あれならできそうだし、こんな資格もあるし、そういうことなら得意。でも、やりたいことがわからない……。もしもそんな悩みを抱えているのなら、ときには全部捨ててみましょう。自分がもっているものを手放して、何もない自分になったときに、やりたいこと、新しい世界が見えてくるはずです。

147

ゴールはどこにもない。

「いつか、こうなりたい」という夢、「こんなことができるようになりたい」という目標をもつのはすてきなことです。でも、そこにたどりついたとしても、それはゴールではありません。「これで自分は出来上がり」ということもありません。ひとつのゴールにたどりついたら、次のゴールが見えてきます。こうして、永遠にたどりつけないはるかなゴールを目指して、心を弾ませて歩き続けるのが、死ぬまで成長しながら生きるということではないでしょうか。

148

チャレンジを忘れない。

手堅く堅実に、負けない試合にだけ出場していたら、どんな能力が高いアスリートでも成長できないのではないでしょうか。今よりも強い自分になりたい、良きことができる能力がほしいと願うなら、あえて失敗確実というような、難しいことに挑戦しましょう。理想はハイリスク、ハイリターン。まわりに迷惑をかける失敗は避けるべきですが、その経験を通して自分が成長できるチャレンジは、どんどんしていくといいでしょう。

149

あたらしい友だちをつくる。

今よりも自分を好きになりたいのなら、今よりも成長したいのなら、あたらしい友だちをつくりましょう。自分の中に折りたたまれている「伸びしろ」を伸ばしてくれるのは、昔なじみの仲良しではなく、あたらしい友だちです。「ほら、こんないいところがあるよ」「ここを伸ばしてごらん」と教えてくれるのは、あたらしい友だちなのです。

150

見ている人はいる。

「こんなことをしたところで無駄ではないか？」と思っても、続けましょう。結果がなかなか出なくて不安になっても、続けましょう。もっと効率の良い楽なやり方があるような気がしても、続けましょう。つらくてくたびれても、一度掘り続けた穴を一途《いちず》に掘り続けましょう。その姿は必ず誰かが見てくれています。掘り続けた先に宝物が眠っていてもいなくても、掘り続けた一途さは、決して無意味ではありません。

51

大人になるとは。

この世の中にたった一人で立ちつくしているような、たまらない孤独感におそわれることがあります。たくさん予定を入れて友人と会っても、埋まらない。家族や大切な人がそばにいてくれても、消えない。仕事の忙しさでまぎらわそうとしても、孤独はどこかにいってくれません。その理由ははっきりしていて、孤独であることが大人の条件だからです。大人になるとは、孤独を受け入れることといえるでしょう。

152

誰のものでもない。

恋人、夫婦、パートナー。親友、親子、かけがえのない相手があなたにもいることでしょう。まるで一心同体のように思えるかもしれませんが、あなたは「相手のもの」ではありません。相手も「あなたのもの」ではありません。お互いの間に、ちょっとしたスペースを保ち、干渉しすぎず、礼儀をもって接する。これが大切な人をずっと大切にするための秘訣です。

153

永遠はありません。

「いいな」と思うことが似ていて、好きなものも同じで、気が合う人は大切です。しかし、人は変わります。別人になってしまうとか、裏切るといった話ではありません。価値観や考え方、生活習慣や暮らし方は、生きていればそれぞれ変わっていきます。お互いの変化とともに、縁が切れることはなくても、縁が薄らいでいくことは、じゅうぶんにありうるのです。永遠に続く関係はありません。だからこそ、一つひとつの縁を大切にしていきましょう。

154

「さようなら」は「ありがとう」。

それが別れであっても、卒業であっても、死であっても、「さようなら」は人生のいろいろな経験のしめくくりです。「さようなら」は、あたらしい出会い、あたらしい出発の前ぶれです。だから、「さようなら」は「ありがとう」と同じ意味の言葉なのです。出会えたことに、ありがとう。今まで、ありがとう。さようならのかわりに、ありがとう。

155

笑顔はいちばんのお守り。

頼れる人も、たしかな力も、自分の居場所もないのなら、いつも笑顔でいましょう。夢について教えてくれる人も、幸運なきっかけも恵まれた環境もないのなら、いつも笑顔でいましょう。自分がまだまだだったり、つらかったり、苦しかったりしても、笑顔でいればなんとかなる。笑顔はいちばんのお守りです。

おわりに

書くこととは考えること。
ここに書いた言葉は、僕がずっと大切なこととして考え続けた、
ふわっとした思いを、
心の中であたため続け、自分の実体験の中で確かめてきた、いわば気づきを、
自分の声として綴った言葉です。

その一つひとつはあなたに語りかけるようなおしゃべりかもしれません。
僕はこう思うけれど、あなたはどう思う？　というような。

隣に座って、ぽつりぽつりと話しかけるように書いた言葉の集まりです。
ですので、あなたが日々の暮らしの中で、ちょっと心細くなったり、
気持ちがざわざわしたり、それこそ独りぼっちの気持ちでいっぱいになったとき、
友だちと語り合う気分でこの本に手を伸ばしてもらえたら、
もしかしたら、この本がくすり箱のような存在になれたらと思うのです。

何かを教えたり、諭したりという思いではありません。
あなたと心と心のささやかな対話をちいさな声でできたら嬉しいのです。

一歩一歩の小さな道標になりますように。

松浦弥太郎

松浦弥太郎（まつうら　やたろう）

エッセイスト。2002年、セレクトブック書店の先駆けとなる「COWBOOKS」を中目黒にオープン。2005年からの9年間『暮しの手帖』編集長を務め、その後、IT業界に転じる。ユニクロの「LifeWear Story100」責任監修。「DEAN & DELUCA MAGAZINE」編集長。他、様々な企業のアドバイザーを務める。映画「場所はいつも旅先だった」監督作品。

装丁・本文デザイン　櫻井久（櫻井事務所）
装画　花松あゆみ
編集協力　青木由美子
ＤＴＰ　田端昌良（ゲラーデ舎）
校正　合田真子

編集人　安永敏史（リベラル社）
編集　中村彩（リベラル社）
営業　持丸孝（リベラル社）
広報マネジメント　伊藤光恵（リベラル社）
制作・営業コーディネーター　仲野進（リベラル社）

編集部　尾本卓弥・木田秀和
営業部　津村卓・澤順二・津田滋春・廣田修・青木ちはる・竹本健志

※本書は2017年に河出書房新社より発刊した『孤独を生きる言葉』を改題し、
加筆、再構成の上文庫化した作品です。

大切に抱きしめたい　お守りのことば

2024年 3月25日　初版発行
2024年10月23日　8版発行

著　者　松浦弥太郎
発行者　隅田直樹
発行所　株式会社 リベラル社
〒460-0008　名古屋市中区栄3-7-9　新鏡栄ビル8F
TEL 052-261-9101　FAX 052-261-9134
http://liberalsya.com
発　売　株式会社 星雲社（共同出版社・流通責任出版社）
〒112-0005　東京都文京区水道1-3-30
TEL 03-3868-3275
印刷・製本所　株式会社 シナノパブリッシングプレス

 ISBN 978-4-434-33563-1　C0195
　442004